Marliese Arold

Theo auf großer Fahrt

Illustriert von Susanne Schulte

www.leseloewen.de

ISBN 978-3-7855-8687-7
1. Auflage 2017
Überarbeitete Neuausgabe
© Loewe Verlag GmbH, Bindlach 2002, 2017
Innenillustrationen: Susanne Schulte
Umschlagillustration: Heike Vogel
Umschlaggestaltung: Elke Kohlmann
Reihenlogo: nach einem Entwurf
von Angelika Stubner
Printed in Italy

www.loewe-verlag.de

Inhalt

Theo und sein Taxi

Theo, der Bär,
fährt ein rotes Taxi.
Manchmal wartet er
den ganzen Tag lang
auf einen Fahrgast.

Aber oft ist Theo
schwer im Stress.

Dann weiß er nicht,
wen er zuerst fahren soll.

Manche Fahrgäste
sind sehr nett.

Aber es gibt leider auch einige,
die sich unmöglich benehmen.
Doch Theo liebt seinen Beruf.

9

Eines Tages
ruft Flora Flamingo an.
„An der großen Oase
wartet mein Bräutigam.
Kannst du ihn abholen?"

„Sicher", sagt Theo.
„Das mache ich."

Verirrt!

Bis zur großen Oase
ist es ein weiter Weg.
Und die Landschaft
sieht überall gleich aus.

Kein Wunder,
dass Theo
bald nicht mehr weiß,
wo er ist.

Zum Glück findet Theo
ein Gasthaus.
Vielleicht kann er dort
nach dem Weg fragen?

„Komisch", sagt der Wirt.
„Du bist heute schon der Dritte,
der sich nicht auskennt."

Am Tisch
sitzen Pieter Papagei
und Kuno Krokodil.
Sie gucken sich
eine Landkarte an.
Theo setzt sich dazu.

„Ich hab mich verflogen",
sagt Pieter.

„Ich hab mich verschwommen",
erzählt Kuno.

„Und ich hab mich verfahren",
seufzt Theo.

Es ist schwierig,
eine Landkarte zu lesen.
Aber Theo
kennt sich damit aus.

„Hier ist der Fluss,
und hier ist das Gasthaus.
Jetzt weiß ich wieder,
wo wir sind",
sagt er froh.

Neue Freunde

Kuno und Pieter haben
einen weiten Weg.

Pieter will
in den Dschungel
zu seinen Brüdern.

Kuno will seine Freundin Cleo
am Fluss besuchen.

„Ich fahre euch hin",
schlägt Theo vor.
„Dann seid ihr eher am Ziel."

Sehr nett von Theo,
finden Kuno und Pieter.

„Einsteigen", ruft Theo
und fährt in den Dschungel.

Pieter wird herzlich
von seinen Brüdern begrüßt.

Sie zausen ihm die Federn.
„Dass du dich aber auch
immer verfliegen musst!"

„So schwer sind wir
doch gar nicht zu finden.
Du brauchst wohl
eine Brille!"

Theo und Kuno
verabschieden sich
und fahren zum Fluss.

Cleo freut sich riesig,
als sie Kuno wiedersieht.
„Willst du mich heiraten?",
fragt Kuno.

„Na klar", sagt Cleo
und gibt ihm einen Kuss.

Theo ist ganz gerührt.
„Jetzt haben wir bald
noch eine Hochzeit ..."

Da fällt ihm voller Schreck
der Bräutigam ein.
Hoffentlich wartet der noch
an der großen Oase!

Der verschwundene Bräutigam

Theo gibt Vollgas.

Doch an der großen Oase
ist kein Bräutigam zu sehen.
Theo sucht überall.

Mutlos setzt er sich ans Ufer.
Was wird jetzt
Flora Flamingo von ihm denken?

Da kommt ein Elefant
ans Wasser,
um zu trinken.

„Warum bist du so traurig?",
will er wissen.
Theo erzählt von dem
verschwundenen Bräutigam.

„Meinst du vielleicht
Pelle Pinguin?",
fragt der Elefant.

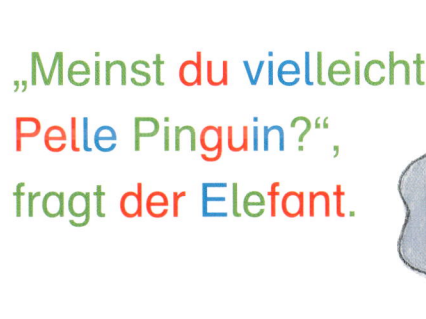

„Der hat Angst gehabt,
seine Hochzeit zu verpassen.
Da habe ich ihn
bis zum Berg getragen."

„Danke", sagt Theo erleichtert.
Er fährt mit dem Taxi zum Berg.

Doch dort ist kein Bräutigam mehr.
Nur eine Giraffe.
„Hast du vielleicht
einen Bräutigam gesehen?",
fragt Theo.

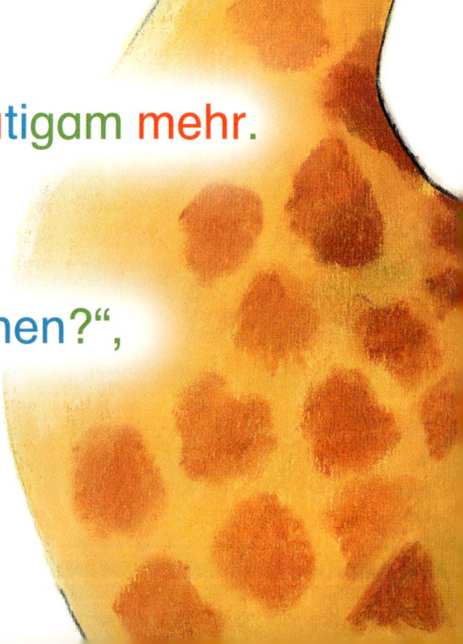

„Du meinst sicher
Pelle Pinguin!",
ruft die Giraffe.

„Er wollte seine Hochzeit
nicht versäumen.
Da hab ich ihn
auf meinen Rücken gesetzt
und zum Fluss gebracht."

Theo fährt zum Fluss.
Doch dort ist leider
kein Bräutigam.

Nur ein Vogel Strauß.
Sein Kopf steckt tief im Sand.

„Guten Tag",
grüßt Theo.
„Hast du zufällig
einen Bräutigam gesehen?"

„Hast du mich erschreckt!",
ruft der Strauß.
„Bestimmt meinst du
Pelle Pinguin!"

„Genau", antwortet Theo.
„Alle reden schon von ihm",
erzählt der Strauß.

„Er hatte Angst,
dass er die Hochzeit verpasst.
Deswegen hab ich ihn
bis zum Urwald gebracht."

Der Strauß läuft voraus.
Theo fährt hinterher.
Am Waldrand ist niemand mehr.

Niemand?
Doch, da liegt
ein Löwe im Gras.

Er sieht satt und zufrieden aus.

Pelle Pinguin und Flora Flamingo

Theo fasst sich ein Herz.
„Guten Tag, Löwe!
Hast du vielleicht
einen Bräutigam gesehen?"

„Einen Bräutigam?"
Der Löwe gähnt.
„Na klar. So ein Dummkopf!"

Theo fängt an zu stottern.
„Hast du ihn etwa ..."

„Ach wo!", knurrt der Löwe.
„Jeder glaubt,
dass Löwen immer nur
ans Fressen denken.
Ich wollte dem Bräutigam helfen
und ihn zu seiner Braut bringen."

31

„Aber der Angsthase
ist vor mir davongelaufen
und auf einen Baum geklettert!
Da sitzt er jetzt noch!"

Der Löwe führt Theo in den Urwald.
Und richtig!

Hoch oben im Baumhaus
sitzt Pelle Pinguin
wie ein Häuflein Unglück.

Er traut sich nicht runter.
Und dabei möchte er
so gerne zu seiner Braut!

„Tut mir leid,
dass ich so spät komme!",
ruft Theo zum Baumhaus hinauf.
„Ich bring dich gleich
zu Flora Flamingo!"

Da steigt Pelle Pinguin
endlich vom Baum.

„Alle, die mir geholfen haben,
sind zur Hochzeit eingeladen",
verkündet Pelle.

Auch Pieter kommt mit
und Kuno mit Cleo.
Der Löwe natürlich auch.

Flora Flamingo staunt,
als sie die Hochzeitsgäste sieht.

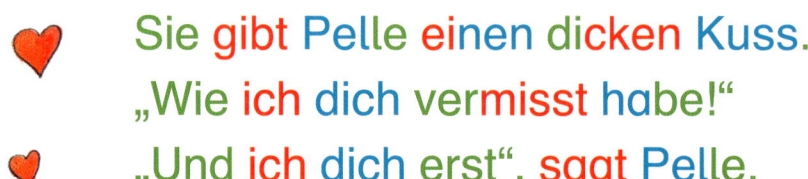

Sie gibt Pelle einen dicken Kuss.
„Wie ich dich vermisst habe!"
„Und ich dich erst", sagt Pelle.

Die Hochzeit wird wunderschön.

Und ihre Hochzeitsreise
machen Pelle und Flora
natürlich in Theos Taxi.

Mit bunten Silben lesen lernen

Die Reihe *Lesetiger* richtet sich an Leseanfänger ab 6 Jahren. Viele spannende und schöne Geschichten zu beliebten Themen erleichtern den Start in die Welt der Buchstaben und führen durch übersichtliche Leseeinheiten sowie die große, gut lesbare Schulbuchschrift schnell zum ersten Leseerfolg.

In diesem Buch sind alle Wörter der Geschichte in farbig markierte Buchstabengruppen, die Sprechsilben, unterteilt. Kurze Einheiten wie diese sind für Erstleser einfacher und schneller zu erfassen als ganze Wörter.

Doch was genau sind eigentlich Sprechsilben? Eine Silbe ist die kleinste Lautgruppe eines Wortes. Sprechsilben ergeben sich durch langsames Sprechen und zeigen die Sinnzugehörigkeit der einzelnen Buchstaben an. Sie helfen, den Sinn der Wörter zu verstehen. Im Gegensatz zur Worttrennung am Zeilenende in geschriebener Sprache werden bei Sprechsilben auch einzelne Vokale (a, e, i, o, u) getrennt. Gute Beispiele dafür sind die Wörter O-ma, a-ber und E-he.

Bereits Vorschulkinder teilen beim Sprechen Wörter intuitiv nach Sprechsilben auf. Die Verbindung der Buchstaben auch in geschriebenen Wörtern zu erkennen, fällt Leseanfängern jedoch oft noch schwer. Durch die farbigen Markierungen der einzelnen Gruppen ist es für Kinder leichter, die richtige Einteilung zu üben. Mit der Zeit lernen sie so, flüssig zu lesen, und begreifen auf diese Weise schnell ganze Wörter.

Damit das Lesenlernen Spaß macht und nicht überfordert, sorgen in der Reihe *Lesetiger* zudem zahlreiche bunte Bilder für ausreichend Lesepausen. Ihre klare Zuordnung zum Geschehen in der Geschichte unterstützt das Textverständnis. So kommen auch weniger geübte Leser schnell zu einem Erfolgserlebnis und Lesen wird zum Kinderspiel!